Joseline MOUMOSSI MANSOUNGA

L'Ignorance d'Effets Réels

Joseline MOUMOSSI MANSOUNGA

L'Ignorance d'Effets Réels

Ignorance

Éditions Muse

Cover image: www.ingimage.com

Publisher:
Éditions Muse
is a trademark of
Dodo Books Indian Ocean Ltd. and OmniScriptum S.R.L publishing group

120 High Road, East Finchley, London, N2 9ED, United Kingdom
Str. Armeneasca 28/1, office 1, Chisinau MD-2012, Republic of Moldova, Europe
Printed at: see last page
ISBN: 978-620-4-96463-8

Jojo M. Mansounga

L'IGNORANCE D'EFFETS REELS

Récit mystérieux tiré d'une histoire vraie

Préface de Aubin Banzouzi

IGNORANCE

Sirène ! Sirène ! Sa mère aimait l'appelé Sirène. Ce verbe est au passé parce qu'elle ne l'appelle plus Sirène. Dieu merci qu'elle fut véritablement témoin de cette histoire. Mais pourquoi aimait-elle l'appeler ainsi ?
Jade était d'une beauté rare. Son corps, sa morphologie, sa beauté ne reflétaient guère la simple beauté humaine ; pourtant sa mère n'était pas la seule à le constater, à le lui dire, à le répéter si souvent. Comment et pourquoi le faisait-elle ? est-ce par ignorance ? surnommer et chosifier sa propre fille avec un éponyme d'une divinité malicieuse et malsaine. Toutefois qu'elle entendait d'autres personnes l'appeler « Sirène » ou la comparer à cette divinité, elle avait la chair de poule. Elle frémissait à l'idée qu'elle ne soit pas totalement humaine si bien que tout son être devenait constipé. Et les larmes coulaient, et recoulaient sur ces belles joues potelées, comme un ruisseau, ruisselant près d'une chute d'eau, ankylosée, gagnée de tristesse de l'entendre l'appeler à longueur de journée, « *Sirène, sirène, sirène... !* » ; et pourtant en l'entendant, elle semblait se reconnaître au fil des jours. Mais à cause de son jeune âge, et encore incrédule, elle ne pouvait distinguer le réel de l'irréel.

A l'orée du crépuscule odorant des terres tropicales, Jade avait pour habitude de nettoyer son palais, sa cavité buccale derrière leur habitation. Chaque matin pareillement, au lever du beau soleil scintillant de la petite saison de pluie.
Oui tous les matins, aux chants d'oisillons, sur un nid perché sur l'arbre à palabre se trouvant à l'angle de la parcelle qui faisait courbure à la fenêtre de sa chambre. Ces chants la faisaient sursauter de sa couverture qui l'entrelaçait le long de son corps. La sonnette qui n'était autre que le chant d'oiseau lui rappelait le temps qu'il faisait déjà. Et en moins de deux... Jade, était déjà sur pied. S'attela pour s'occuper. Puis se rendit comme de coutume, à son réveil, derrière la maison. Mais, toutes les fois qu'elle s'y rendait, elle ramassait toujours une pièce de cinq francs CFA.

Toutes les fois à la même place. Tous les jours aux mêmes heures et au même moment.
Cette habitude devînt récurrente. Et cela ne lui faisait guère peur, ni ne la laissait perplexe. Ses journées se déroulaient et se passaient comme les autres fois sans ambigüité.

Ainsi vînt un soir. Au coucher du soleil, après une journée joyeuse, Jade rejoignit son lit. En allant s'endormir, elle fît un rêve troublant. Un songe dans lequel elle se voyait aux abords de la maison cherchant, creusant le sol, et trouva *un peigne noir, un traceur, des cheveux et une pièce encore de cinq francs CFA,* la même pièce comme à l'accoutumée. M…M… Mais à qui peuvent appartenir ces objets ? se dit-elle, puis se réveilla, sursautant de son lit.
À son réveil, croyant que le jour était au rendez-vous, mais en vain, car elle était en plein cœur de la nuit noire sans étoiles, sans reflet aucun de sa propre silhouette. Après s'être rendormie, pendant un bon moment d'attente de la flemme. Le chant d'oisillons symphoniste sonna le levé du jour. Ce matin encore comme de coutume derrière la maison, après sa propriété buccale elle ramassa les mêmes articles vus dans le songe. Toutes les fois à la même place, au même moment, et toujours la même pièce de cinq francs CFA.
Cependant, pour la première fois à son réveil Jade raconta ces faits à sa mère qui, incrédule, la regardait avec beaucoup de curiosité. Quant aux autres personnes !!! Les uns prenaient cela pour une plaisanterie, les autres pour une histoire inventée, certains n'y prêtaient même pas attention. Jade restait sans voix et ne voulut plus en parler à personne.

VISION

Quelques jours passèrent, après que personne n'eut cru à son histoire, alors Jade ne voulut plus en parler autour d'elle.
Une de ces nuits, tandis que tout le monde dormait, Jade vit dans le buffet de son père un serpent, comme elle dormait dans la chambre de ses parents, son lit à côté du leur ; parfois elle rentrait après ses parents, une fois fini de jacasser avec ses frères et sœurs. En allant se coucher à son tour, juste après ses parents et en voulant cacher l'objet qu'elle détenait en main, *"un jouet"*, soudain elle vit un serpent apparaître. Jeune et innocente, dans son incapacité à discerner le réel de l'irréel, prise de torpeur, elle restait figée. Elle observait le serpent qui se redressait sous une forme droite tout en allongeant son cou, serpentant l'armoire, s'adressa à elle d'une voix aigüe et amicale comme un homme dans l'allure de conquérir une femme longtemps convoitée.

-Prends cette bague, prends, et tu n'auras plus de problèmes, lui dit le serpent.

La bague était juste à côté du serpent quand il parlait.
Les yeux écarquillés, bavant d'un coin de la bouche Jade tremblotait de partout. L'envie de quitter le lieu et de prendre la fuite persistait en elle, mais elle ne trouvait point la force de faire un mouvement corporel, c'est comme si une force surnaturelle la retenait corp et pieds liés au sol. Et, alors que le serpent lui parlait, Jade refusait par un geste enfantin en rehaussant les épaules. Ses parents, à côté, profondément endormis, n'entendirent absolument rien. Elle était la seule à écouter la voix du serpent, la seule à voir ce reptile. Mais elle continuait à le contempler, comme une enfant hypnotisée mais sans peur, sans émotion aucune. En un lapse de temps, le serpent revînt avec le même timbre vocal et dit :

-Tu as refusé la bague ! Demain sur ton chemin de l'école tu rencontreras un homme transportant dans une brouette des choses emballées dans des cartons. Tu prendras dedans ce que tu voudras.
Puis le serpent disparut.

Jade restait un moment, regard fixé à l'endroit où le serpent se trouvait, avec comme impression de rêver. Quand le serpent disparut, Jade se sentit enfin libéré de l'enchantement attractif de ce serpent. Ensuite, elle s'endormit avec beaucoup de difficultés. L'insomnie était à son comble, cependant Jade ne voulut rien dire à personne puisque certains prendraient cela pour une plaisanterie… les autres pour une histoire inventée, beaucoup n'y prêteraient même pas attention.

ECOLE

Le lendemain, un matin, pas comme les autres fois. Ce matin-là, sous une météo controversée, le temps se faufilait entre le début d'une saison sèche à celle d'un début de saison de pluie. Les nuages s'entremêlaient entre eux. Tantôt d'apparence brume, tantôt le ciel était plus clair, quelquefois très sombre mais personne ne paraissait inquiet, du plus grand au plus petit, si bien que certains parents envoyaient leurs enfants à l'école même. Jade aussi finissait sa toilette et prit le chemin de l'école, sous l'ordonnance de ses parents. Tenue et chaussures enfilées, sac au dos, puis en route pour l'école sous les regards figés de sa famille, parents, frères et sœurs, Jade quittait la maison. Après plusieurs kilomètres parcourus, Jade fit la rencontre d'un homme sur son chemin. L'homme transportait une brouette tel qu'annoncé dans le rêve, selon la prédiction du serpent. L'homme à la brouette la regardait avec insistance. Jade, par contre, eut peur car l'homme à la brouette venait dans sa direction. Malheureusement pour Jade, la voie était étroite, une ruelle de son quartier, on dirait une piste qui de part et d'autre avait des herbes humides avec un sol argileux. Une piste où à peine pour deux piétons, l'un devrait attendre au moment où l'autre passerait. Mais elle passait quand-même avec frayeur et timidité, tout en prenant ses jambes à son cou sans se retourner.

Un peu plus loin, Jade se retournait, constatait que ce dernier s'était arrêté aussi et continuait à la regarder, à l'observer avec insistance, debout, figé-là comme un monument, silencieux et immobile. Jade s'interrogeait, est-ce toujours le rêve ou la réalité ? Jade avait toujours le mal à discerner le réel de l'irréel.

Une fois arrivée à l'école. La météo était toujours défaillante, mais elle trouvait beaucoup de ses amis d'école de différents niveaux, qui, eux aussi ont répondus présents ce matin-là. Pendant ce temps, certains, jouaient tout en criant, d'autres courraient le long des couloirs des bâtiments qui faisaient office des salles de classes, un tohu-bohu infernal. Tout à coup, la noirceur coloria les nues sur leur tête. Et juste après, il commençait à pleuvoir abondamment. Jade et les autres élèvent de l'établissement n'eurent pas cours. Les maîtres, les maîtresses eurent leur alibi pour s'absenter ce jour-là, ainsi les enfants errèrent çà et là. Certains sautèrent dans les flaques d'eaux qui inondèrent la cour de l'établissement, d'autres se camouflèrent sous les tables-bancs, grelotant de fraicheur. A moitié nus, la plupart des garçons ôtèrent leur uniforme scolaire pour protéger leurs cahiers et manuels. D'autres encore, tout joyeux de l'arrêt des cours, prenaient la fuite, comme de coutume un peu partout dans le monde, pour la majorité d'élèves, se sentir indépendant, sans engagement, sans contrainte…mieux encore sans école. Si bien que certains devraient donc rentrer dans leur demeure respective sous cette pluie battante accompagnés de leurs parents, en voiture. Ceux-là qui ne bénéficiaient pas de la compagnie d'un adulte, prenaient le chemin de retour, sans parapluie, sans autre support de camouflage que leur chemise ou leur sac, une ardoise ou une nappe…

Jade aussi sous cette pluie se mit à courir pour la maison. Sa maison se trouvait à cinq kilomètres de l'école ; il fallait marcher, passer par le pont, marcher, marcher, marcher encore jusqu'à arriver sur une piste. Une piste avant le pont. Cependant, deux pas avant le pont, il y avait là une grosse mare d'eau formée par la même pluie dans laquelle elle pataugeait à grande enjambée, dans le but de vite rentrer chez elle. Tout autour de cette mare se trouvait des lézards, tous immobiles, les queues superposées les unes sur les autres, de sorte à situer peut-être le contour ou encore la dimension que valait le pourtour de la mare d'eau. Jade, pencha la tête et prie le temps de contemplation, une contemplation de courte durée qui l'obligeait de plus pencher sa tête, jusqu'à sa grande surprise, quand tous les lézards entrèrent dans la mare d'eau… « c'est curieux » marmonna-t-elle, « est-ce un trou ? ». D'où sortait une main blanchâtre, une main féminine gesticulante, se balançant de part et d'autre, de gauche à droite comme saluer de loin. La main s'exécuta une fois, deux fois et à la troisième fois

elle resta fixe. Toute tremblante de peur, Jade pris la fuite, la fuite à grandes enjambées sans se retourner. Un peu haletante, elle marqua l'arrêt devant un pont à quatre fers de rails.
Toujours sous la pluie battante. Une pluie qui foudroyait tout sur son passage avec un vent violent qui soulevait poussière et débris. Des femmes, des filles se voyaient leur jupe ou pagne en l'air, laissant à découvert les fresques de dessous, qui ne faisaient pas l'unanimité des regards sensibles. Certains élèves confinés dans des édicules qui leur servaient d'abris, ricanaient entre eux, se moquant des passants qui perdaient chapeaux et foulards ou qui se voyaient soulever la jupe... Mais Jade courrait toujours sans faire attention aux daubeurs jusqu'à ce qu'elle arrive devant ce pont qui devrait être traversé avec beaucoup de délicatesse et de vigilance. Ainsi, avant même de poser le pied sur le fameux pont... Umh ! umh ! Jade aperçut cinq crocodiles, trois étaient hors de l'eau et deux en sortaient ; ils avaient tous la couleur rouge-blanc, semblable à celle du crabe. Les crocodiles étaient ornés de foulards rouges autour des têtes comme dans un cirque attendant le dresseur. Ils approchèrent d'elle, leur gueule ouverte, à pas feutrés. Jade était hypnotisée, tétanisée, elle ne pouvait plus faire un mouvement, pieds et jambes liés au sol comme emballotés par un adhésif. Ses pieds ne pouvaient se décoller du sol, sa voix ne pouvait se faire entendre. Envahie par la torpeur qui la rendait atonique, la laissait sans voix, du coup sous l'effet de cette peur, Jade ferma les yeux et les poignets des mains qu'elle ramenait à son torse toute crispée, tremblante ; croyait-elle toujours rêver. Puis s'abandonna aux mains du destin. Soudain, elle s'est sentie transportée, comme flottante dans des airs sans aucune formalité ni aéroport. Dans un vol qui n'était autre qu'une poussée violente du devant du pont à l'extrémité du pont. Et après un moment de silence observé, Jade ouvrit les yeux, surprise de constater qu'elle ne fut point la proie des alligators... yeux écarquillés, oooh ! déjà de l'autre côté du pont ! mais ! mais ! s'étonnait-elle.
Un homme...un monsieur apparut de nulle part devant elle, la prenant par la main :

- Ma fille, que faites-vous ici ? cet endroit est très dangereux hein ! lui dit-il.

Jade, regard fuyant, se tourna vers le bon samaritain, son sauveur du jour qui ne cessait de lui parler. Plus craintive encore, instinctivement, elle courut, en se détachant des bras du bon samaritain jusqu'à la maison sans pourtant lui répondre, sans pourtant se retourner. Qu'est-ce qui s'est réellement passé ? qui était-ce, cet homme ? Jade ne le saura peut-être jamais. Ce qui importait à ses yeux n'était autre que sa survie. Est-ce un ange gardien ou un ancêtre ?

Dans sa cogitation, Jade se rendit compte qu'elle était déjà arrivée devant chez elle. Euh... ! déjà à la maison ? s'exclama-t-elle. Puis se dirigea droit dans sa chambre, en ne voulant voir personne, comme toujours dans ses questionnements sans suite favorable. Ainsi, pendant un lapse de temps, la pluie cessa de tomber. Heureuse fut-elle. Arrive le beau temps avec la fin de la pluie. Elle sortit de sa chambre pour rejoindre sa famille au salon, qu'elle regardait comme des étrangers « comme si c'était la première fois de les voir. Ces derniers aussi se regardèrent entre eux sans dire mot et poursuivirent leurs distractions à l'instant T ».

Soudain, vînt la nuit. La tombée de la nuit n'était autre que cauchemardesque pour elle qui ne pouvait cligner des yeux. En effet, tout lui revenait à l'idée de disparaitre comme une gomme qui effacerait d'un trait sa vie avec toutes les images effrayantes qui violaient les frontières de son subconscient chaque fois à son coucher ou à un moment d'isolement. Toutefois quand un sommeil profond le prenait, elle paraissait ignorante, groggy. On ne pouvait qu'entendre les ronronnements singuliers de sa gorge encombrée qui se distinguaient comme s'il y avait des batraciens dans les environs. Les ronronnements perdurèrent jusqu'à ce que le coq lançât son premier chant de réveil et les oisillons à l'aube naissante bavardèrent entre eux, annonçant ainsi le lever du soleil.

Le jour suivant, entre dix heures et douze heures, et à cause de la pluie assurément d'hier que certaines classes du primaire n'eurent pas cours. Connaissant les écoles d'Etat qui ouvrent en fonction des humeurs des enseignants ou des caprices du climat, et pour les écoliers c'est une aubaine de rentrer non seulement à la maison pour aider les parents aux tâches ménagères mais plutôt pour vagabonder en se créant des breaks. Ainsi, quelques condisciples et voisines vinrent lui rendre visite à la maison. Assises en cercle, Jade captiva leur attention sur sa personne, expliquant avec franchise, dans l'espoir d'être écoutée et comprise par celles de son âge, ce qui lui était arrivé hier. Cependant, en même temps, comme exaspérée par ce récit fantasmagorique certaines commençaient à bruiter. Jade continuait à parler, toujours dans une conversation interactive, dans l'attente d'être entendue et dans l'espoir d'être crue. Mais malheureusement, malgré leur attention, comme d'habitude, personne, en tout cas personne ne la crut.
Les uns prenaient cela pour une plaisanterie, les autres pour une histoire inventée, certains n'y prêtaient même pas attention.
- *Jamais, Jade, ici dans des pareilles mares d'eau peut-on trouver ce genre de bêtes !!! des crocodiles, même une personne dans l'eau, non ! non ! ... aaah ! aaaaaaah* ricanaient-elles toutes.
Jade se tut, puis se leva et courut s'enfermer dans sa chambre. Quelle angoisse ! ne sachant quoi faire ni qui pourrait enfin la croire pour pouvoir la réconforter ? Les uns prenaient cela pour une plaisanterie, les autres pour une histoire inventée, certains n'y prêtaient même pas attention.

Mystère

Beaucoup de temps s'est écoulé, voire des années, Jade vivait une sorte de mutisme. Elle ne parlait plus de ses rencontres ainsi que de ses mésaventures.
Un matin, alors qu'elle n'avait pas école ce jour-là, Jade flemmarde passa son temps qu'au lit... elle eut envie d'aller au petit coin. La fosse septique était hors de la maison. Accroupie, tête baissée, jambes soutenant le corps, et le dessous entre cuisses et mollets…un soupir silencieux qui renvoie à un bruit régurgitant qui se fit entendre à peine. Toute tremblante, gagnée par une frayeur absolue qui se lisait sur son visage par la présence de grosses gouttes de sueur qui glissaient à tour de rôle comme des balafres tékés. Car la surprise était fortement diabolique. La surprise aux yeux grandement ouverts au moment de prendre la position fétiche, elle vit un serpent juste au-dessous de sa tête. Sur cette position qu'est-ce qui pouvait se passer à l'instant là. Face au serpent, pas le moindre qui la fixait, et inerte face à elle. D'où sortait-il ? et pourquoi son terminus face à Jeanne ? on ne saura le dire ni l'expliquer. En ce moment-là même, Jade retint son souffle sans crier, une véritable guerrière, puis recula de deux pas tout en tenant ses cuisses qui retenaient tout son arsenal. Ensuite sortit et courut appeler son père qui dormait.

- *Papa, papa, il y a un serpent aux toilettes, viens, viens…* (avec une pression enfantine).

Aussitôt, son père accourut jusqu'aux toilettes, mais malheureusement il n'y avait plus de serpent. Son père la regarda attentivement :

- *Jade où est donc ce serpent ? et d'où peut-il venir ? Le sol est ferme et rude ou peut-il donc aller hein ? Il la blâma.*

Jade, tête baissée sans mot, dans ses manières de politesse ne pouvait répondre à son père, mais se posait des questions comme d'habitude, qu'est ce qui distingue le rêve de la réalité, le réel de l'irréel. Sans succès, sans réponse aucune. Quelque chose ne va

pas avec moi ou bien ? se questionna-t-elle. La journée allait s'achevant, Jade fut comme étourdie, comme perdue dans ses pensées tout le long de cette journée.
Enfin, la nuit tombée, car elle devenait cauchemardesque pour elle comme d'habitude. En effet pour Jade, que le jour ne puisse pas se lever pour revivre les faits dont elle ne connaissait le rapport entre le vrai et le faux, le réel et l'irréel.

Ainsi vint le jour, après des heures et des heures de questionnement, d'angoisse et de lamentation. Au réveil de ce jour-là, il pleuvait abondamment. Sous la pluie battante qui faisait retentir ces claquements sur le toit non plafonné de la maisonnette de Jade qui leur bouchait les oreilles. Alors pour se faire entendre les uns les autres, il fallait donc crier ou encore se rapprocher de son interlocuteur. Des tonnerres accompagnés des éclairs se désignaient sur les arbres et obligeaient les familles à fermer hermétiquement toutes les ouvertures des maisons, même les parois entre les fenêtres et les portes étaient couvertes de tissus usés. Un ennui pas possible, rien à affaire. Certains rejoignaient leurs draps, d'autres patientaient au salon, d'autres encore se retrouvaient sous cette pluie pour des moments de détente ou encore lorgnaient à travers une paroi le spectacle du dehors. Malgré les blâmes et l'interdiction des parents, certains enfants faisaient semblant d'écouter puis repartaient gambader sous la pluie. Mais Jade elle, se trouvait dans sa chambre comme d'hab', attendant donc la fin de la pluie.
Enfin, avec les dernières gouttes non-violentes de la pluie qui n'empêchaient guère les gens de circuler. Jade aussi, profitant de la fin de cette pluie, décida de fuir la solitude en faisant une marche, des cent pas de chez elle à une distance de là où ce trouvait une salle de cinéma qu'elle avait l'habitude de fréquenter au moment de l'ennui.
En quittant sa maison tout en marchant, elle constatait qu'elle n'était pas seule sur le chemin ; il y avait là, d'autres piétons malgré quelques gouttelettes qui annonçaient la fin de la pluie.

A la descente de sa ruelle, elle vit que cette voie, celle qu'elle avait empruntée était déjà remplie, inondée des flaques d'eau occasionnées par la pluie. En effet, la surprise était croissante. Après avoir sautillé, enjambé plusieurs flaques et mares d'eau, il y avait là une grosse mare d'eau qui nécessitait d'être pataugé et déchaussé. Jade s'arrêta, s'écarta des autres en les observant passer et traverser. Après que les autres soient passés, elle retroussa à son tour son pantalon pour passer à la fin du peloton. Mais à son tour, une fois la mare d'eau enjambée, elle pataugea de plus en plus et de plus belle. D'un coup elle fit étonnamment surprise de constater que la mare d'eau avait disparue, tout en ayant les pieds dans une partie de celle-ci. Au fait, il ne s'agissait plus de la mare d'eau mais plutôt d'une grande eau, d'une grande rivière qui l'enveloppait, et s'épaississait. Jade secoua la tête, se frotta les yeux croyant toujours dormir, mais non. En relevant la tête et en voulant forcer les choses tout en pataugeant avec précipitation, elle se noya, et se laissa entraînée par une force surréelle. Et sous l'eau, en se débattant pour revenir à la surface en agitant les mains, les pieds retenant la respiration, alors Jade se transforma. Eh oui ! Jade n'avait plus ses jambes, elle perdit ses beaux pieds. Elle était devenue un poisson avec la queue, la vraie queue de sirène.
Jade avait les joues enflées pour retenir son souffle ; et au moment où elle n'y arrivait plus, elle mit sa main à la bouche. Après avoir constaté le changement corporel sur sa personne, elle retira sa main de la bouche. Aussi ne fut-il sa surprise de se voir capable d'exécuter des mouvements, parler sous l'eau sans être étouffée comme une habituée. Etonnée d'elle-même, elle se dit :

-Où suis-je ? laissez-moi sortir !

Jade ne savait comment expliquer un tel fait. Tout ce dont elle se souvient, tout ce qui a trait à ce feuilleton, tout ce qui fut sa vie, les mots, les émotions qu'elle ne peut exprimer, ic et nunc, comprenez-la.

Son cœur battait si fort, qu'elle était si singulière si bizarre qu'elle n'arrivait pas toujours à discerner le réel de l'irréel. Jade eut un long moment d'immobilité sous l'eau. Yeux ouverts, regard perplexe, tourna, se retourna sur elle-même … puis aperçut une femme, une sirène, une mère des sirènes dirait-on, s'avancer vers elle. Jade toute effrayée, toute tremblante, recula d'une queue... Elle, cette mère sirène se stabilisa à quelques mètres devant Jade. Et commença à l'appeler d'une voix douce et entraînante :

-Viens, viens ma fille.

Et Jade s'avançait près d'elle. La mère sirène ne cessa de l'appeler avec insistance et tendresse.

-Viens ma fille, c'est ici ta maison, pas là ou tu es dans le monde des humains, tu es de chez nous, viens mon enfant. Insistait la mère sirène.

-Non ! je ne vous connais pas, laissez-moi sortir d'ici. Répondit Jade.

Jade ne cessait de parler, de crier sans savoir ce qu'elle disait, plutôt la trouille qui la faisait crier, cette peur mêlée de questionnement au point qu'elle ne savait quoi faire ni quoi dire. Elle avançait toujours près d'elle. Jade frissonnait de peur comme dans une nuit sans étoile, sans claire de lune. Jade eut l'impression que l'écho de ses mots arrivait jusqu'à la surface de l'eau. On croirait à une pièce hermétiquement fermée, comme une salle de bain, quand tu chantes tu peux te réécouter par le retentissement de la voix. Tout en se débâtant, malgré cette voix envoutante qui l'attirait et la berçait en même temps, Jade avançait toujours près de la mère sirène, toutefois que la mère sirène l'appelait. Puis à cet instant même, elle vit une autre sirène apparaitre entre la mère sirène et elle. Et dit d'une voix maternelle :

-Non ! Jade, n'avance pas près d'elle. Vas, sors et ne reviens plus ici, ta place n'est pas ici, sors, va-t'en !

La mère sirène persistait dans son invite :

-Viens approche ma fille, approche.

-Non, Jade n'avance pas, si tu avances tu ne reverras plus ta famille tu m'entends ! lui dit la deuxième sirène.

Les vagues ont commencé à plus s'agiter juste au moment où la gentille sirène lui parlait.
Jade essayait, s'efforçait d'avancer vers la gentille sirène, en déviant la trajection de la mère sirène qui ne cessait de l'appeler. En voulant le faire Jade commençait à suffoquer, plus d'oxygène, après les paroles de cette mère sirène.
En cet instant-là même où elle avait besoin d'oxygène, la deuxième sirène se rapprocha d'elle et lui tendit une pièce de monnaie en la lui mettant dans sa paume de main en lui susurrant :

-Ne la jette pas, c'est elle qui te ferra sortir d'ici, puis lui referma la main et lui dit, vas-y.

Cette pièce de monnaie de face avait le visage d'une dame et au revers une sorte de brousse avec des fleurs semblables à une forêt. Au moment même qu'elle toucha la pièce de monnaie, aussitôt elle se retrouva dans son lit, endormie. Jade crut faire un rêve, mais quand elle se réveilla, la paume de sa main renfermait la pièce telle qu'elle la reçut sous l'eau, de la façon dont la sirène la lui avait remise. Elle ouvrit la paume de sa main. Bien sûr qu'elle était là, là, la pièce de monnaie donnée sous l'eau par cette sirène. Toute effrayée elle jeta aussitôt la pièce en criant oooh ! mon Dieu ! tout en écarquillant les yeux d'étonnement, la bouche ouverte. Puis celle-ci disparut dans sa chambre.

Toujours dans son ignorance et sans discernement des faits réels ; c'est vraiment bizarre ces faits réels qu'elle n'arrivait à discerner dans son ignorance. Est-ce vrai ? Ses parents savaient-ils ? Mais puisque les uns prenaient cela pour une plaisanterie et les autres pour une histoire inventée et certains n'y prêtaient même pas attention. Ils la voyaient vivre, et elle, elle ne savait si elle vivait dans l'un ou dans l'autre monde. Mais elle continuait de vivre comme tout le monde, marchant avec tout le monde, jouant avec tout le monde et personne ne s'en doutait, mais elle continuait à vivre sa vie.

TRANSFORMATION

Quelquefois, tous les jours, au dépend des heures, Jade se réveillait sans aucune sensation de ses jambes. Elle était maintenant dans un corps étranger, dans une tenue imaginaire, dans la tenue du monde étrange, depuis sa sortie de l'eau. Depuis son sauvetage de la part de la reine des eaux à la surface de l'eau. Personne ne pouvait imaginer l'état dans lequel elle se trouvait, seule elle-même qui se voyait dans son état, ni ses sœurs quand elles rentraient dans sa chambre, elles ne constataient rien ; parfois Jade était déjà dans son état, dans sa tenue de *miss-water*, alors elle leur demandait :

-Dites-moi comment est-ce que vous me trouvez ?

-Non ! cool ! tu es bien Jade, répondaient souvent ses sœurs.

-Oh non, non avec des larmes aux yeux. Mes sœurs, regardez-moi bien s'il vous plait, renchérissait-elle.

-Mais Jade, qu'est-ce que tu as, puisque nous te confirmons qu'il n'y a rien, dis-nous si quelque chose ne va pas.

-Ok, non, merci à vous, jusque je croyais…balbutia-t-elle, non j'ai confondu, rétorquait-elle toute triste.

Cinq mois plus tard, Jade ne ressentait toujours pas le besoin de se soulager. Toujours avec cette tenue du monde étrange, du monde surréel. Pendant tout ce temps qui s'était écoulé, personne ne s'était aperçu de son état, et elle-même continuait de vivre comme de rien n'était.

Un matin, Jade s'était rendue à l'église, au moment de la prédication elle sentit que quelque chose voulait sortir au- dedans de ses pieds. Ses pieds devenaient glacés, Jade se transformait en sirène dans l'église même : Aie !!! criait-elle, aie ! aie ! Les sœurs de l'église assises à ses côtés la regardaient avec étonnement :
-Qu'est-ce que tu as Jade ?

Elle criait toujours, mes pieds ! mes pieds ! je me transforme.

-Mais en quoi te transformes- tu ? On ne voit pas de changement en toi.

Non, vous ne me voyez pas ! mes jambes ! mes jambes !

Juste après Jade tombait par terre avec sa queue de sirène mais personne ne réalisait l'état dans lequel elle se trouvait. Les sœurs prièrent pour elle et décidèrent de la conduire auprès du pasteur. Pendant un moment de route, la queue de Jade disparut mais elles arrivèrent quand même chez le pasteur. Une fois chez le pasteur, la queue de poisson de Jade réapparut. Le pasteur les voyant venir, les invita à rentrer et se mit aussitôt à prier pour elle. Sans que personne ne lui dise quoique ce soit. Et à la fin de la prière le pasteur lui dit :

-Rentre en paix ! je prierai encore ici pour toi ma fille.

Ce pasteur, papa Guy Moïse, c'est comme ça qu'elle entendit les sœurs l'appeler, un éminent homme de Dieu, il était aussi réputé dans les séances d'exorcisme si bien que Jade était confiante. Même si sa prière était de courte durée et paraissait comme négligée. Mais elle avait la conviction de guérir définitivement, malgré que, les uns prenaient toujours cela pour une plaisanterie et les autres pour une histoire inventée et certains n'y prêtaient même pas attention. Cependant, en sortant de chez le pasteur, Jade, se questionnait en disant : est-ce que l'homme de Dieu avait ou a reçu une révélation en ce qui me concerne ?
Ce qui est vrai c'est que dans la coutume des protestants, la prédiction à cette époque était interdite. Même si l'esprit donne une vision quelconque sur la vie du fidèle auquel l'homme de Dieu reçoit ou visite, ce dernier n'avait pas le droit de le lui dire. En effet, à cette période beaucoup de familles rentraient en conflits à cause des prédictions concernant les sorciers des familles, du

quartier de l'entourage, en un mot celle ou celui à l'origine des maux ou des souffrances de tel ou telle fidèle etc…si bien l'homme de Dieu avertit prenait le temps qu'à la prière pour le malade et l'encourageait aussi à continuer les prières chez soi.

Après cette séparation avec les sœurs de sa paroisse qu'elle n'a plus souvenance mais qui l'ont soulagée d'une part même si elles ne savaient de quoi elle souffrait, mais cela lui avait fait beaucoup de bien de savoir que certains ont pu prêter attention à elle en l'accompagnant pour trouver solution.
Cependant, cette peur de ne pas être écoutée, de ne pas être comprise malgré les efforts fournis de le leur faire comprendre, cette peur la faisait taire vis-à-vis de tous. Jade la silencieuse ne pouvait se risquer aux bords des rivières, des plages ni de jour ni de nuit. Elle passait son temps à pleurer. Pleurait, pleurait souvent :
-Qui peut m'entendre ? qui peut me croire ? se disait-elle, qui, qui ?

CONFIANCE

Les jours passèrent, ne sachant quoi faire, Jade écrit sur des tas de rames de papiers, elle y détaillait chaque situation, chaque expérience de la date où cela avait commencé jusqu'à ce qu'elle s'observât elle-même pour ne pas rater ni sauter un détail. Une histoire vraie sur papier. Ensuite, elle décida enfin qu'une tierce personne, une personne de confiance devrait le savoir au cas où elle venait à en mourir ou à disparaitre de la surface de la terre.

Un jour Jade se rendit auprès d'un ami qui l'aimait bien, et qu'elle admirait aussi, auprès de qui elle expliquait son histoire et tout ce qu'elle endurait. Cette vie transitoire entre le réel et l'irréel avec une frontière intangible. Pendant qu'elle parlait, ce dernier la regardait attentivement, puis un long silence fut observé : « Ja-de-ce que tu-tu vis est vraiment pénible, mais je te crois sérieusement » lui dit-il avec une certaine difficulté d'articuler qui était liée à la peur, vu la grandeur du secret qui lui avait été dévoilé.
Ah, enfin quelqu'un pour me consoler, quelqu'un qui me croit, se dit Jade avec des larmes aux yeux. Est-ce vraie que tu me comprends ? retorqua t-elle à son ami, question de se rassurer. Comme si c'était la première fois que quelqu'un prenne le temps à l'écouter. Cet ami la fixa avec amour et compassion. Hum... soupira-t-elle. Jade s'est senti réconforté du fait que son ami ôta de son esprit cette hantise de l'irréel. Quand elle prit congé de lui, l'heure était déjà avancée, mais cela ne la rendit point guère perplexe ou encore craintive car son visage s'illuminait de gaieté et d'espoir. En effet, cette nuit fut une nuit paisible de lueur et de grâce, pour une fois qu'elle retrouva la paix du cœur. Bien qu'elle ne se transformât plus en sirène et ne les voyaient plus apparaitre, et aussi, depuis cette rencontre d'avec l'éminent pasteur Guy Moïse, mais, elle était toujours en quête de réconfort. Et cela faisait déjà plus de huit ans qu'elle ne s'est rendue aux toilettes.

DELIVRANCE

Trois ans plus tard, alors que Jade écrivait son récit au salon dans l'espoir qu'un de ces jours, elle ne serait plus de ce monde, au moins après sa disparition qu'on la lise et croit enfin ce qu'elle prenait pour de l'imagination, pour un rêve, alors que les faits étaient réels. Sa tablette était bourrée de paperasses, concentrée sur ce qu'elle faisait et son idée n'était tournée que vers la pensée d'avoir une inspiration aisée des mots appropriés pour achever son labeur. Jade, elle oublia qu'il n'y avait personne d'autre dans la maison qu'elle.
C'est à un moment d'épuisement qu'elle releva la tête pour se détendre en s'étirant. Ensuite reprit le travail tout en se courbant la tête, c'est en ce moment-là qu'elle vit apparaitre devant elle, sur l'une des feuillées se trouvant sur la tablette l'image d'un serpent. Et quand elle relevait la tête une fois encore, aussitôt le serpent disparu. Puis de chaque côté de la paperasse rayonnait le visage d'un serviteur de Dieu sous une forme angélique. Jade ne comprenait rien. Voulant encore regarder, l'image du serpent réapparut, puis elle se frotta les yeux, croyant que ses yeux lui jouaient un sale tour ou encore qu'elle dormît et fit un mauvais rêve. L'image du serpent était bel et bien là : la grosse tête du serpent aplatît et un large et gros corps. Une image coupée qui ne montrait que la partie supérieure de la tête au tronc, avec son milieu ou rein, pas de queue. Les yeux de Jade n'étaient rivés que sur les images qui paraissaient réelles. Et qui donnaient l'impression de sortir des feuilles. Déjà Jade ne croyait en rien : ni à la chance ni au hasard. Si ce n'est en Dieu, par la prière et non aux miracles, après toutes les épreuves traversées sans apport de personne. Ses parents ne l'ont jamais parlé d'autres églises ni emmener ailleurs. Sa foi, sa croyance était basée sur le seul nom de Jésus le sauveur de l'humanité, une réalité profonde confessée dans leur congrégation de l'Eglise Evangélique du Congo. Si bien qu'elle ne comprenait absolument rien. Un instant suffit, après qu'elle ait murmuré quelques mots, elle entendit une voix solennelle lui dire :

-Essaie de croire au moins une fois.

Jade négligeait à prime abord tout ce qui lui parvenait de cette voix. Après l'insistance de cette voix, elle ressentit un mal inexplicable au ventre qui l'entraina jusque sur le sol ou elle se torpillait et se tordait de douleur pendant un bon moment. Une douleur atroce insurmontable jusqu'au moment où son frère et sa sœur accoururent vers elle. Jade pensa qu'il faille la conduire à l'église. Vu ce qu'elle avait entendu, et ce qu'elle avait vu, cette image angélique et cette voix porteuse. Non, il était question qu'on la conduise d'abord à l'hôpital d'après l'avis de son frère. Pour lui, son frère, le diagnostic médical était nécessaire avant toute approche religieuse.

- Non ! non ! d'abord à l'église, réagit-elle. Jade craignait mourir sur le lit de l'hôpital.

Pour quelle raison craignait-elle l'hôpital ? Sa crainte d'aller à l'hôpital n'était pas simplement liée à la voix protectrice qu'elle entendait mais surtout à la vision qu'elle eut à l'instant même que sa sœur et son frère lui parlaient. Les yeux bien ouverts, elle vit un grand hôpital de la place comme si elle y était déportée, alors qu'elle se trouvait encore dans le salon de sa maison et entre les mains de sa sœur et de son frère. Elle vit carrément au sortir de cet hôpital… une civière poussée par deux hommes en blouse blanche, placée devant le grand portail. A cet instant même, Jade s'arrêta juste devant et souleva le drap qui couvrait la personne inerte sur cette civière. Cependant, en relevant le drap, elle vit sa propre personne allongée là, et morte, qu'on conduisait en direction de la morgue.
Eeh ! eeh ! non ! non ! pas à l'hôpital, je vous en supplie non. Criait-elle sans arrêt…

Elle était persuadée que son salut se trouvait sur le chemin religieux. Il s'agissait de Dieu et de sa puissance divine. Son frère et sa sœur lui posèrent ensuite la question :

-De quelle église s'agit-il puisque chez nous un matin comme celui-ci, il n'y a pas de culte hein ! Là nous sommes déjà entrain de rouler sans pourtant orienter le chauffeur de taxi, Jade on t'écoute !

Aucune idée *Yaya*, mais roulons seulement, je crois que c'est à la direction du quartier Mawata, leur dit-elle avec peine. Elle ne répétait que ce qui lui venait à cœur. La quatrième personne qui faisait partie d'eux, entre elle, sa sœur et son frère, qu'elle ne voyait pas, mais qu'elle était la seule à écouter et à suivre ses orientations. Après quelques difficultés de repérage de l'église dans le quartier Mawata. Couchée dans le taxi entre son frère et sa sœur, elle pouvait relever la tête de temps en temps pour pouvoir retrouver l'endroit dans lequel elle dirigeait sa famille en écoutant la voix qui parlait dans son cœur. Le taximan aussi s'était intégré à la famille par compassion en suivant lui aussi les consignes de la petite Jade qui à son tour était dirigé par un devin qu'elle seule pouvait entendre.
Moins de trente minutes environ, ils arrivaient au cœur même du quartier Mawata, en relevant la tête avec difficulté, elle reconnut le visage rayonnant du serviteur de Dieu de ladite église qu'elle vit après l'apparition du serpent sur ses papiers. Le même homme de Dieu debout devant une porte de bureau à l'extrême de la chaussée. Elle s'écria, secoua sa sœur et son frère, et fit au taximan… c'est ici, c'est ici, arrêt, arrêt…

-mais c'est où exactement ? lui demanda sa sœur.

-Prenez à droite, là où cet homme est debout, là-bas, répondit Jade.

Le taximan clignote à droite pour se garer exactement devant des bureaux, portant des inscriptions au-dessus, réception les lundis, jeudis… ainsi que : jours de prières : mardis, mercredis…
-Qui est-ce ? pourquoi depuis plusieurs années dans cette ville sans écho de ce lieu et cet homme de Dieu ? humm !
Tous descendent Jade du taxi en face du serviteur de Dieu, debout devant son bureau.
L'état critique de Jade dont le visage trahissait la douleur fut vite compris par le serviteur. Dérangeant les règles de réception, il demanda à sa secrétaire de les recevoir à l'immédiat. En effet, à leur réception devant sa porte, le serviteur laissait entendre qu'il les attendait. Quand Jade était portée par ses frères face au serviteur, ce dernier dit :

- Ah ! vous voilà, je vous attendais…

Comme tous étaient préoccupés par l'état de santé de Jade, est-ce que les autres ont écouté comme moi se dit Jade. " Comment ça, nous attendait''. La douleur était tellement intense que le temps de s'attarder sur de telles questions ne préoccupait guère à l'instant. Ainsi ils furent reçus dans son bureau, ses frères et elle. En y entrant, l'homme de Dieu exigea aussi la présence des parents. Le frère de Jade se précipita de téléphoner aux parents qui étaient en plein service, et leur demanda d'arriver sur le champ, à l'adresse qu'il leur avait communiquée. Effectivement, quelque temps après, les parents arrivèrent sur les lieux. Le serviteur de Dieu fixa son regard sur sa famille, qui étonna tout le monde. Jade fut placée sur une natte. L'homme de Dieu dit aux parents, mais où voulez-vous donner votre fille ? tout en les fixant droit dans les yeux… c'est méchant ça hein papa ! Nommant le père de Jade. Dans un silence de deux secondes… Jade interrompit l'homme de Dieu en lui disant, tout en essayant relever sa tête dans une douleur sans pareil :
- Non pasteur, non, mes parents n'en savent rien, ne leur poser pas cette question…

L'homme de Dieu fixait lourdement les parents de Jade au moment où elle parlait, puis demanda à Jade de ne pas faire d'effort. Jade se tut. Puis un lourd silence couvrit la pièce.
Après avoir palpé la malade, le pasteur se leva pour prendre ce dont il avait besoin pour commencer sa mission reçue du Saint Esprit sur la personne de Jade. Aussi expliqua-t-il à ses parents que son état était critique :

-l'état de votre fille nécessite une opération.

- Mais de quoi va-t-on l'opérer, qu'est-ce qu'elle a ? Et de quoi souffre telle ? Demanda sa mère à l'homme de Dieu.

Ça fait trop de question, leur dit l'homme de Dieu mais je vous comprends. Sachez que :

-Votre fille à un serpent dans le ventre et une pierre que nous devant soustraire maintenant de son ventre.

Sceptique, sa mère ne comprenait rien et avait du mal à se retenir :
-ma fille malade mais de quoi souffre-t-elle, de quoi va-t-on l'opérer ? En pleurnichant.
Le serviteur de Dieu restait serein. Mais le père de Jade ne réagit point, ni une question, ni un geste de sa part. Il était autant sceptique, taciturne, aucune émotion, aucune inquiétude ne s'exprimaient sur son visage.
Est-ce que le père de Jade savait ce qui se passait et faisait semblant de compatir ou bien ignorait-il de tout ce qui se passait chez sa fille ? Qui saura le dire ?...

-Maman ! maman ! appela l'homme de Dieu, *On va réaliser une opération spirituelle d'exorcisme*.

La mère de Jade expira un grand souffle et failli perdre l'équilibre, heureusement qu'elle fut retenue par ses enfants.

Une chambre fut apprêtée par l'assistante du serviteur de Dieu. En effet, au moment de l'exorcisme, le père, la mère et le meilleur ami de Jade, tous dans cette chambre, assistaient à la délivrance de leur très chère. Oui ! oui et oui, le serpent fut réellement extirpé du ventre de Jade après plusieurs moments de prière, de louange et d'autres pratiques liés à l'exorcisme. Et cela devant eux tous. Un serpent extrait par l'orifice que personne ne pouvait s'imaginer. Là sous leurs yeux. Des véritables témoins exclusifs de ces faits sans intermédiaires. Des faits réels, un vrai serpent avec la même forme de la tête et le corps à moitié, extirpé de... Comme Jade l'avait vu, la même forme, et le même serpent comme sur cette feuille poser sur la tablette où elle travaillait. Cependant, en voulant faire le saint Thomas, le meilleur ami de Jade, pris son téléphone intelligent pour marquer l'histoire et immortaliser le moment, filmant la séance d'exorcisme. Et au moment de filmer le reptile extirpé du corps de Jade, posé sur une pochette blanche à coté d'elle, tout en cliquant sur le bouton du téléphone et au moment du flash sur la bête, alors, le téléphone s'éclata avec un son de détonation qui désodorisait la chambre d'un parfum de viande de brousse brulée. Et là, la salle était couverte de nuées que dégageait le téléphone, une fumée étouffante qui envahit la chambre. Par peur, son ami lâcha le téléphone de ses mains et ce dernier s'enflamma. Les parents de Jade se regardèrent, et la mère de Jade poussa un cri de frayeur tout en reculant, projetant ses mains par-dessus sa tête, elle recula de plusieurs pas. Jade releva la tête du lit ou elle était placée pour vivre la scène également. Et la moitié du serpent y été encore à ses côtés. Ainsi, Jade vit de ses propres yeux tel qu'elle l'avait déjà vu dans ses songes, là en présence de sa famille. Le téléphone de son ami était irrécupérable. Un petit temps de pause suffisait avant de leur demander de rentrer chez eux. Mais, le serpent extirpé était-il encore là ou avait disparu ? l'homme de Dieu l'avait-il jeté, brulé… ? Elle ne saura le confirmer.

Peu de temps après, que Jade ait prit un petit repos après la première opération, elle resta couchée encore au lit. Et le serviteur de Dieu, revenait dans la chambre après la même séance d'exorcisme réussie à sortir encore de son ventre une pierre, la pierre des sirènes brillante comme de l'or ou encore le diamant telle quelle demeure sous l'eau. Tous les membres de la famille présents ouvrirent les bouches et écarquillèrent les yeux. Tous étonnés des faits qui n'étaient que fictifs à travers les écrans de télévision, les livres et des histoires racontées. Maintenant, ceux-là étaient vécus pour de vrai. Témoins d'une véritable réalité, aussi étrange que mystérieux. Certains n'arrivaient même plus à poser des questions, d'autres apparaissaient comme asphyxiés, rien ne pouvait sortir de leurs bouches.

-Non ! tout ceci sort de ma fille ? ooooh mon Dieu, s'exclama sa mère.
Les mains à la bouche, gémissant d'étonnement et d'angoisse à l'idée de savoir sa fille souffrante dans le silence sans l'apport de sa mère ni de sa famille. Se culpabilisait la mère. Mais après, ces moments d'émotions et de lamentations, une prière fut faite pour cette circonstance de délivrance, et Jade devait consommer de l'huile d'olive par la suite durant le traitement qui durait quinze jours et dix jours pour l'intercession. Les parents de Jade restaient tout de même sceptiques, puis sa mère posa la question à son mari, le père de Jade de savoir si elle ne rêvait pas. Elle, sa mère le véritable témoin de cette histoire. Tous éblouis, voire illuminés, leurs yeux s'ouvrirent les uns après les autres quand ils constatèrent que Jade pouvait descendre du lit et être sur pied en peu de temps.

-Mais elle disait la vérité sur tout ce qu'elle constatait et moi je prenais cela pour une plaisanterie, déclara sa mère.

Les uns prenaient cela pour une plaisanterie les autres pour une histoire inventée, certains ni ne prêtaient même pas attention.

-Si je savais !!! Gloire à Dieu oooooh qu'elle ait saine et sauve, affirma de nouveau sa mère.

Tous réjouissants et contents de son rétablissement. Et au courant de cette vie que Jade menait, la vie entre deux mondes, le réel et l'irréel. Dans l'espoir de tirer des leçons de la vie et aussi comprendre dans l'ensemble ce qui s'est réellement passé. Mais après leur retour à la maison, personne, ni son père ni sa mère ne parla de ce qui s'était passé chez l'homme de Dieu. Croyait-elle Jade, comme ça se passe ailleurs : ''après une situation gravissime, jamais vue, ni vécue auparavant, le problème ferait peut-être l'objet de discussion et de recherche en famille.'' Non seulement sur le plan physique mais aussi sur le plan spirituel ou métaphysique. Vu que les parents de Jade paraissaient comme des chrétiens affermis par leurs habitudes : La participation régulière aux cultes, toujours avec la bible, surtout un père regardant en ce qui concerne l'orientation de la vie auprès de ses enfants. Un père qui connaissait vraiment le sens de l'orientation, toujours aux aguets des activités scolaires, religieuses, sociales voire intimes de ses enfants, à surveiller, orienter, conseiller. Mais incapable de discuter sur des choses basiques du quotidien. Des choses qui pourraient montrer sa transparence face à ce qu'il laisse transparaitre aux yeux de ses enfants comme par exemple son appartenance à Christ Jésus, ses conseils… Montrer à ses enfants qu'il est protecteur et ne veut rien voir de négatif dans sa maison ou sa famille. Toujours à la une des informations de la vie de ses enfants.

Pourquoi ne parle-il pas de ce qui s'est passé ? se questionnait Jade. Et pourquoi ai-je interrompu l'homme de Dieu sur ce qu'il a posé comme question à mes parents ? peut-être qu'il allait en dire assez pour que je comprenne. Et pourquoi mon père ne lui a pas répondu ?

Des questions trônaient dans la tête de Jade.

Jade voulait comprendre ce qui se passait autour, mais ni arrivait pas du fait que tout était confus. Elle vivait toujours dans l'ignorance des faits réels. L'amour de ses parents, de sa famille l'aveuglait au point de les défendre sans le savoir physiquement et spirituellement. Personne ne pouvait se permettre de parler mal d'eux en sa présence mais étant enfant et sans autorité pour poser des questions telles sur cette réalité aux parents, elle attendait l'entendre que lors des assises familiales pour mieux comprendre le mystère caché derrière tout ce qu'elle endurait. L'entendre, dans l'attente silencieuse. Mais en vain, sans suite, ni murmure aucun. Personne n'eut parlé de cela. Même pas au salon, ni autour de la table. Et cette histoire réelle vécue n'a jamais été sue par une tierce personne comme membre de la famille paternelle ou maternelle, voire le voisinage. En réalité la joie immense, celle de me savoir en bonne santé et sans plus rien à cacher, ni à souffrir dans le silence. S'ils n'en parlent pas c'est que ce n'est ni nécessaire ni important, le fait de revoir, retrouver ma famille est mieux et meilleur, se consola-t-elle avec un large sourire.

PLUS PRES

Enfin la fin de cette absence des personnes en qui Jade pouvait se confier.
Sa famille la croyait enfin maintenant, elle était délivrée de cette ambivalence existentielle entre deux mondes, le réel et l'irréel, entre deux vies, la vie terrestre et la vie aquatique, la vie de sirène et la vie humaine, la vie de Jade.
Jade ne se transformait plus en sirène mais elle avait toujours ce manque d'envie de se mettre à l'aise, quoique sa vie prit une nouvelle tournure plus radieuse.

Jade eut à passer dix ans sans faire des besoins. Elle ne pouvait aller qu'aux toilettes juste pour aller prendre un bain ou alors se soulager mais pour le reste qui demande la purification du tube digestif pour la bonne santé du corps, en vain.

Quelque temps après, on proposait à la mère de Jade de l'emmener à l'hôpital pour une intervention chirurgicale dans le grand hôpital de la ville suite à l'absence des besoins dus à une colopathie avancée d'après une série d'examens effectués. Le scanner révélait, l'entassement intestinal entrecroisés et mêlés entre elles.
Curieusement la maman de Jade rétorqua à ceux-ci :

- Non ! non ! non ! eh non, ma fille, ne subira pas d'intervention.
Après cela rien ne changera parce que vous voulez mettre une poche à ma fille en sortant ses intestins hors de son corps ? alors les excréments et autres de ma fille passeront maintenant par-là ? et elle devra se promener avec une poche nettoyable... non et non, docteur, je ne saurai l'accepter... voulez-vous que je perde ma fille ! avec la pollution de l'air, de l'environnement...combien de temps d'existence aura-t-elle sur terre. Je ne veux pas perdre ma fille, je préfère que cette maladie ôte ma fille sur cette terre au lieu de vite la précipiter à trépas. Retorqua la mère de Jade d'un ton désespérant et meurtri. Si ce n'était la force d'une mère qui la maintenait debout, elle s'effondrait face aux hommes de sciences.

Les larmes aux bouts des cils quand elle quittait le bureau de ceux qui l'ont convoquée, croyant avoir la meilleure des nouvelles sur sa petite Jade.
Cependant, cette décision prise par la mère de Jade Jade resta décisive et ferme. Sa fille ne va subir aucune intervention chirurgicale, tout en croyant au rétablissement de sa fille un jour. En effet, les pensées de la mère de Jade était qu'elle parte, meurt avant sa fille et que sa fille vive, réussisse et aussi de la voir épanouie. Toutefois, ce que Jade avait subi lui avait laissé une leçon, le fait de ne pas écouter ni soutenir sa fille dans sa souffrance vécue seule sans être accompagnée ni soutenue par un membre de sa famille lui a laissé cette chance, ce temps et ce rapprochement de prendre soins d'elle et de souffrir avec elle pendant qu'elle-même avait encore des forces, la vie, il faudra dorénavant rattraper les temps perdus avec sa fille.

La mère de Jade se résolut d'offrir tout son soutien à sa fille. Elle lui procurait de la gaieté, le bonheur, aussi l'ambiance était de la partie. Le sourire large amical et généreux de sa mère lui redonnait la joie de vivre, la joie de s'épanouir et de se sentir heureuse d'exister au monde, car sa mère devenait son inspiration, surtout depuis que sa mère s'était rapprochée d'elle et vivait ses souffrances, ce dont elle recherchait depuis toujours qu'elle avait enfin trouver.

Jade, dans cet élan jovial face à sa mère, lui promettait de prendre soins d'elle : de la rendre heureuse, de la faire découvrir les coins et recoins de leur pays et lui faire découvrir l'extérieur quand elle aura son indépendance financière. Car sa mère était comme sa source d'inspiration, son admiration ainsi que son modèle pour sa personnalité pleine de compassion pour autrui, de clémence, et de gaieté malgré son ignorance ignorée due à l'incarnation de la bonté vitalisée. Elle devenait son tout. Mais cela été vu d'un regard enfantin et humoristique d'une enfant sans conscience. Pour les uns qui prenaient cela pour une plaisanterie et les autres pour une histoire infantile et certains n'y prêtaient même pas attention. Malheureusement, tous, aux alentours à l'écoute de ce rêve enfantin comme ils le prétendaient sans le savoir qu'il ne s'agissait là peut-être d'un rêve prémonitoire, se mirent à ricaner.

RESTAURATION

Deux ans après, tant dis que Jade vivait le quotidien comme d'habitude, dans son manque d'envie de libérer les fèces. Elle, dans un corps effilé, d'une couleur de peau d'ananas fleurissant, ajouté à cela une suave beauté incarnant la candeur d'une vierge nubile. Jade, malgré l'admiration qu'elle suscita çà et là, dans son environnement scolaire, du travail, du quartier, partout, pour sa personne qui enflammait tous les désirs égrillards. Personne, non personne, malgré les éloges, personne ne pouvait savoir qu'elle vivait à moitié, que tout pouvait arriver d'un moment à l'autre. Ou encore qu'elle pût manger de tout comme tous mais ne pouvait l'évacuer pour une raison qu'on saura peut-être un jour ou jamais. Son corps, la finesse de corps ne laissait rien à découvert. Cependant, où se dissimulait alors tous les aliments auxquels elle se plaisaient et cela depuis près de dix ans maintenant ?
Nous ne saurons répondre, mais plutôt vous faire sentir cette émotion qui laissait sa famille ébahie, face à leur fille vivante sans être en vie.

La vie de Jade, une était ambiguïté existentielle entre deux mondes, le réel et l'irréel, entre deux vies, la vie terrestre et la vie aquatique, la vie de sirène et la vie humaine. Dans la vie de Jade là, maintenant, le mystère était entre elle et son être, elle et son soi.
Pendant toutes ses années, Jade eu la possibilité de quitter sa ville pour une autre dans la même nation, parce qu'elle avait décroché un stage, après avoir fait état à ses parents avec la peine de les laisser, en l'occurrence sa mère. Pour une langue durée et loin d'eux, elle fit ses valises pour quitter le toit parental le lendemain. La nuit-là même sa mère surveilla ce qu'elle emportera de peur d'oublier un objet important. Ainsi donc sa mère lui rappela :

- Jade as-tu emporté ton eau minérale adaptée à ton état de santé ?

- Maman oui ! ne t'inquiètes pas je sais que partout je dois en avoir ! lui répondit-elle.

Jade avait une boisson spécialisée pour sa situation de santé qu'elle devrait en aucun cas oublié et qui coutait l'œil de la tête, qu'elle devrait consommer à chaque besoin quotidien.
Jade prit le départ pour la nouvelle destination, loin de sa famille pour plusieurs mois…
Le lendemain, effectivement Jade quitta la maison pour l'aéroport, rejoignant ainsi l'équipe avec laquelle elle effectuait le voyage. Une fois arrivée à bon port, Jade s'installa, reçut des indications et directives de la hiérarchie, puis se lança au travail. Au bout de quelque temps passé dans cette localité, malgré les coups de fils avec les parents, Jade était toujours insatisfaite, son souhait était de revoir sa famille malgré que ces derniers la soutinssent à distance. Ça n'a pas été facile pour sa mère pour qui le téléphone était devenu…bien qu'un moyen de communication mais plutôt pour la mère de Jade un pagne au tour des reins qu'on ne peut ouvrir ou lâcher n'importe comment ou encore n'importe où... Et cela, sans heure ni période saisonnière, les appels pleuvaient, la sonnerie retentissaient au point où Jade, pour éviter de déranger éteignit la sonnerie en la mettant en mode veille. Toutefois que son Z-phone retentissait, il ne pouvait assourdir l'entourage du bureau. Ainsi donc, le décrocher devenait anonyme et discret, jusqu'à son entrée chez elle à la fin de l'heure.

Au matin du sixième mois passé dans ce département, Jade eu comme envie d'aller libérer les fèces… quoi est-ce que j'ai un besoin autre que d'habitude ? s'interrogea Jade intérieurement !
Après un moment de doute et de pression intérieure, Jade prie son courage se rendit au petit coin de sa maison…au moment de vouloir tenir le poignet de la porte des sanitaires, elle s'arrêta puis se dit : « si c'est ce que je pense là !!! ça sera mieux de le faire dans un vase qui me permettra de voir ne fut ce que la couleur ainsi que la quantité de ce qui veut sortir »… tout en se précipitant dans la maison.

A la maison la voilà sur le pot. Oui ! oui c'est bien ce qu'elle ne croyait pas. La première fois après dix ans face à ses excréments. La main à la bouche, larmes aux yeux, pleurnichement en douce.
« Oh mon Dieu est-ce moi ça ? mais je l'ai fait, enfin je l'ai fait, enfin, enfin… » Quelle joie !

Et regardant la quantité exécutée. Malgré que la quantité ne fût pas conséquente mais pour Jade c'était déjà suffisant. Un tel miracle mérite un merci d'abord à Dieu et fera l'objet d'information nationale…Juste après, elle téléphone sa mère, la première personne à recevoir cette information :
-Maman, je l'ai fait, maman… tout en pleurant de joie au téléphone.

-Mais…mon bébé de quoi est-ce que tu parles hein ?…

-Maman, j'ai pu sortir un peu, maman, oui, oui je l'ai fait au pot et je l'ai là sous mes yeux maman.

-C'est vrai mon bébé ? tu me dis vrai en hurlant de joie.

-La mère de Jade se fondit en larme tout en glorifiant Dieu à haute voix au téléphone et dit encore…

-Peux-tu venir avec, ici, à ton prochain voyage pour que je voie mon bébé ?

-J'aimerai bien maman, vous l'emmener.

Jade ne voulait pas s'en débarrasser et ne passait son temps qu'à en regarder. Après quelques heures, ça n'existait plus, après avoir pris la forme pâteuse en voie de disparition. Mais la joie était grande au point de se sentir vivante et importante. Oui ! Dieu, lui seul décidait de la délivrer totalement, selon son temps, son heure et son lieu sans l'aide de son représentant (serviteur), sans messe ni culte demandé. La foi de sa mère, sa détermination, la clarté des choses cachées et cette candeur de Jade. Oui ! un véritable miracle dix ans après. Ce miracle renforça de plus belle sa foi en Dieu, et la confiance en sa famille (mère) qui était là pour elle. La vie de Jade, celle qui vient de passer comme une vague. Ici et maintenant commence une autre vie.

LE DESTIN

Trois ans après que Jade reçût la délivrance, une délivrance qui engendra la transformation radicale sur le plan spirituel comme physique. Jade s'affermit de plus dans sa foi au bon Dieu, dont elle vit les œuvres de ses propres yeux. L'irréel qui s'est fait réel. Son inconscience incontrôlée, aveuglante qu'elle eut consenti sans le prétendre, peut-être par le manque d'attention et de confident. Hélas, le temps, le futur, l'on n'en est pas garant si ce n'est le Maître de l'univers pour définir le devenir et le futur de toute créature à son gré qu'on le veuille ou pas, le dernier mot revient à Dieu. Bien que cette délivrance fût faite loin de sa famille, cependant sa joie était grandissante et expatriée par ce fil conducteur qui le liait à celle-ci par le biais d'information de visites régulières. Jade faisait des tours, chaque fois qu'elle le pouvait leur rendant visite et eux aussi rendaient visite à leur fille chérie et leur sœur.
L'amitié était soudée entre Jade, ses parents, ses sœurs et ses frères. Moindre souci de leur part, leur moindre gémissement la faisait réagir au point de répondre à leurs besoins, et d'en prendre soin. Car elle se reconnaissait en eux, elle vit, vécut grâce à eux en tant que ses géniteurs, conseillers terrestres. Alors se dit pour la reconnaissance vis-à-vis de ceux qu'elle appelle ses dieux de la terre, leur faire visiter le bout du monde. Qu'elle soit au nord que ceux-ci s'y rendent aussi. Qu'elle soit au Sud, qu'ils y soient avec elle. Qu'elle soit à l'Est où à l'Ouest qu'ils y soient aussi. S'ils n'ont jamais quitté leur ville, leur département, qu'elle en soit la première à les leur faire quitter pour les nouveaux horizons.

Dans un état jovial, communicatif qui faisait transparaître son côté empathique et compatissant, l'envoutait à promettre des rêves à ses parents qu'elle considérait d'autant plus qu'elle se considérait elle-même. Un moyen pour elle de remercier le bon Dieu qui a opéré des miracles dans sa vie et d'être reconnaissante envers ses géniteurs.

Après, les cadeaux à distance, la prise en charge à distance, Jade d'avec ses parents, quelques temps passèrent, puis vint un matin, reçoit la nouvelle du mauvais état de santé de sa mère, qui la préoccupa et l'inquiéta tant. Mais, ne pouvant se déplacer, Jade demanda à son père la permission si sa mère pouvait la rejoindre pour qu'elle en prenne soin et pour des soins médicaux dans tout son sens ainsi profiter de la cajoler et la mettre en liaison avec ses petits-enfants qu'elle n'avait jamais eu l'occasion de voir depuis leur séparation.

Vingt et quatre heures à peine, soudain, sa mère atterrit, après trente minutes d'attente à l'aéroport. A sa grande surprise, Jade ne reconnut point sa mère, celle-ci devenait maigrichonne.

-Mon Dieu, est-ce vraiment ma mère ? s'exclama-t-elle, mains à la bouche… puis l'accueillit.

Jade, les larmes aux yeux, entrelassait sa mère, lui faisant croire qu'il s'agissait des larmes de joie au fond, il s'agissait du contraire. Face à sa fille, la mère de Jade, témoin oculaire de la vie de souffrance et perturbante de sa fille, oublia son état de santé, se remplit de joie et d'amour en glorifiant le Dieu des armées en mille mots pour lui dire merci, sur la façon dont il a pris soin de sa fille et l'a gardé contre les intempéries ces dernières années, avec le sourire aux lèvres et les larmes aux yeux, à la fois joyeuse et triste. Les retrouvailles chez sa fille se passèrent cordialement au plaisir partagé, puis la nuit tomba.

Deux jours après, le rendez-vous pris chez le médecin généraliste. Après quoi, vient une série d'examens pour diagnostiquer la cause de l'amaigrissement et de la perte de sang. Curieusement, tous les examens qui ont été demandés ont été révélés négatifs. Pas d'anomalie, rien d'inquiétant. Mais malheureusement, sa mère continuait de maigrir sans maladie.

Une autre série d'examens fut demandé. Toujours sans diagnostic probant. Jade vit que la tâche était grande et que ceci n'étant plus le travail possible des médecins mais plutôt celui de regarder à Dieu, l'unique secours qui supplée aux limites de l'intelligence et de la force humaine.
Peut-on ici parler de l'ignorance ! où de la peur de perdre un être chair qui donne la motivation d'avancer dans la vie, celle qu'on croyait voir sous la forme de courbure dans sa vieillesse entourée des petits enfants qui deviendraient ses yeux, ses oreilles et voir ses marchepieds. Mais hélas, tout cela n'est qu'un rêve africain qui ne peut ou ne pas se réalisé. Était-elle repartie en son temps ancien repensant aux bienfaits de son Dieu ? qui l'entrainerai à faire la recherche des bizinga (lieu de prière) comme cela est appelé dans son pays.
Après plusieurs recherches, sans suite aucune, et suite aux rechutes de sa mère, de temps en temps sans cause, cela a été déduit par les médecins de lui administrer le traitement des sidéens qui lui permettra de récupérer sa forme d'avant, mélangée des vitamines et d'autres remontants qui lui permettraient de manger parce qu'elle avait aussi perdu l'appétit. Son palet n'avait plus aucune sensation du goût. Toutes les saveurs diversifiées qui lui étaient présentées, lui étaient défavorables… ce qui bousculerait les papilles dégustatrices de certains et quelques fois les autres régurgitaient leur salive, chez elle, la mère de Jade détestait. Mais bon ! c'est vrai qu'on dit, un malade vrai, qui a des problèmes a des méfaits sur tout. Capricieux en tout, d'où beaucoup de patience à ses côtés. Même ce qui est bon est mauvais et ce qui est mauvais est réellement mauvais. Pauvre d'elle la mère de Jade, elle inspirait des larmes aux yeux. Surtout à l'égard de sa fille qui toutefois fuyait les regards et pire encore de sa mère pour se refugier dans un coin de la maison pour pleurer, tout en suppliant le Seigneur de faire grâce à sa mère peu importe la cause de cette souffrance que subissait sa mère.

Toujours dans son ignorance et sans discernement des faits réels, c'est vraiment bizarre que les faits réels qu'elle n'arrivait à discerner dans son ignorance et continuait à ignorer en vivant comme tel ! Mais puisque les uns prenaient cela pour une plaisanterie et les autres pour une histoire inventée et certains n'y prêtaient même pas attention, Jade se questionnait en permanence sur l'état de santé de sa mère. Disait-elle : Peut-on avoir un état dégradatif corporel usuel sans justificatif justifiant un tel état ? Comme si certains prenaient cela pour une plaisanterie et d'autre pour une histoire inventée pire encore certains n'y prêtaient même pas attention, alors qui pouvait répondre à ses questions, à ses préoccupations. C'est comme si, sa souffrance à elle n'avait point éduquer son cercle familial. Une manière pour eux de chercher d'autres moyens, hormis la science mais plutôt se tourner vers la religion peut-être. Mais malheureusement, la mère de Jade souffrait de plus en plus sans diagnostique spécifique, par contre les suspicions médicales pleuvaient de jour en jour. Malgré tout cela rien n'aboutissait. Aucun résultat après plusieurs séries d'examens, sans succès.
Jade toute triste, continuait à débourser les moyens pour trouver des solutions en multipliant des médecins, des hôpitaux, des cliniques du pays en vain. Alors Jade décida avec l'accord de son père de faire venir le médecin à domicile pour des raisons d'affaiblissement de sa mère qui ne pouvait plus faire des mouvements, et elle-même la malade avait demandé de ne plus la conduire à l'hôpital, car elle n'aime pas l'hôpital. Mais cependant, Jade fit remarquer à son père :

- Papa, depuis que tu es près de maman, maman ne va pas bien ! mais quand tu es loin d'elle, elle arrive à faire des mouvements. Est-ce que tu n'es pas le problème à son état de santé ?

Son père sourit, puis lui dit :

- Mais je ne vois pas pourquoi je serais le problème au ralentissement de la guérison de ta mère. Partout où ta mère est je suis, il se peut qu'elle ait besoin de quelque chose, je dois être là pour la lui donner, maintenant supposant que je suis loin, ou encore dehors et au moment qu'elle m'appelle je ne suis pas là, comment fera-t-elle ?

Avec tous les mots et toutes ces paroles, Jade se sentit éjointée et perdit les mots. Jade dubitative du résonnement de son père se dit en son for intérieur… est-ce que mon père est ignorant de ce qui se fait ? est-ce que quelqu'un est derrière mon père en agissant sous l'influence démoniaque, sous une toile noirâtre qui aveugle l'existence de mon père ? comment peut-il être aussi serein sans être préoccupé à chercher des solutions alternantes…par exemple courir d'hommes de Dieu en hommes de Dieu pour trouver la solution ou encore le connaitre, savoir ce qui ne va pas, pourquoi aucune maladie n'est diagnostiquée et quelle est le problème ?

Jade, passait son temps à cogité, ensuite quitta le lieu de causerie avec son père, rejoignit sa mère dans la chambre où elle était couchée immobile.

- Maman, tu vas bien…as-tu besoin de quelque chose ? lui demanda Jade :
- Non me-r-ci je ne veux rien, répliqua sa mère avec des difficultés de langage. Jade resta un moment avec sa mère, lui faisant des blagues, le rappel des histoires passées qui lui permettait de ricaner. Ainsi Jade vit encore le bonheur de sa mère, la joie qui se dégageait sur son visage. Cette femme jadis incarnait la joie par ses sourires qui rafraichissaient des vies, redonnaient de l'espoir aux cœurs abattus.

La mère de Jade était à près de quatre-vingt-dix-huit de masse corporelle dans sa teneur de jouvence et lors de ses maternités. L'amour, le partage et le sourire étaient son partage. Une femme bonne, belle de par sa figure, de par son cœur. La chevelure semblable à une déesse, la visibilité compassionnelle lisible de chez qui voulait ou ne voulait pas qu'on le leur dise. La mère de Jade, une femme hyper-amoureuse. Accro à son époux, près de

lui tant qu'elle le pouvait. Toujours au service de sa famille, ses enfants, son époux, c''était ses priorités. Elle préférait dormir affamée pour que les autres mangent.
La manière que Jade peignait sa mère, cela prouve à quel point l'amour de sa mère débordait en elle. Ma mère que j'aimai, que j'aime et que j'aimerai toujours malgré... se disait-elle en l'observant dans son sommeil. Elle se souvint des poèmes dédiés à la mère par Camara Laye ou J. Ecart.

Suis-je ignorante de ce qui se passe ? cette ignorance de mon adolescence continue-t-elle pour ne pas savoir ce qui se passe ? Est-ce que la différence est sur le fait qu'ici, les faits ne parlent pas comme jadis ça parlait en moi, par des faits palpables dont je croyais rêver ? est-ce que toute ma famille est dans l'ignorance aussi ? pourquoi il n'y a aucun indice qui parle, qui indique le chemin de solution, pour trouver la solution au remède de ma mère hein ? Marmonnait Jade.
Tous les mots, toutes les positions de réflexion s'épuisaient sans réponses ni solutions. Mais les poches et les caisses tarirent par manque de grisbi sans suite favorable. Aujourd'hui, il faut monter tel glucosé, demain il faudrait cinq poches de sang, après demain il faudra changer tel molécule. Le changement de molécules était dû à l'allergie qui décimait l'œil à première vue sur sa peau.
Comme d'habitude, certains prenaient cela pour une plaisanterie et d'autre pour une histoire inventée pire encore certain n'y prêtaient même pas attention. Alors qui pouvait répondre à ses questions, à sa préoccupation. C'est comme si, sa souffrance (à elle) n'avait point éduqué son cercle familial.
Le père qui est le chef de famille ne fit pas cas. Même pour emmener son épouse à l'hôpital, il doit avoir la permission de Jade qui lui dicte que faire, comment faire et quand le faire. En effet Jade et son père était des bons amis. Ils se disaient tout, tout le temps, en tout lieu dans n'importe quelle circonstance. Si bien qu'elle ne manque pas de dire, voire de reprocher à son

père quand il y avait insuffisance ou incompréhension chez celui-ci. Sans détour, elle lui faisait savoir son opinion. Et son père aussi, lui, toutefois qu'il était en défaillance demandait de l'aide à sa fille, conseil, orientation, besoin et autres… cela lui mettait en confiance, sachant qu'il y avait un ou des enfants qui le comprenaient ou encore l'accompagnaient dans le cours de sa vie. Le père de Jade lui disait très souvent :

- Ce n'est pas le fait que je sois père que je n'ais pas besoin des conseils des plus jeunes ou encore de mes enfants pour me réorienter ! Je fais partie d'une autre génération avec les habitudes de la vielle école, mais vous, vous êtes d'une autre génération qui a un mélange du savoir, n'empêche que je vous comprenne et m'adapte à cela pour mieux jumeler et avancer.

Du moins ce qu'il disait était vrai ; du moment ou tout ce que ses enfants lui disaient, il écoutait et était toujours attentif à l'écoute même au moment de lui dire de partir vers les hommes de Dieu, à une situation de famille ou encore à autre chose. Il était toujours partant sans reproche, ni résistance comme on peut le constater chez d'autres parents qui font des problèmes à leurs enfants pour un déplacement ou encore, vous défend de faire votre volonté que vous jugez bonne, meilleure ou mauvaise pour la circonstance. Oui c'est bien beau qu'il accepte tout conseil venant de ses enfants… mais ce qui parait bizarre dans cette acceptation est le fait de se laisser aller au gymnase de ses enfants, laissant entendre que le père devient enfants et les enfants deviennent le père. Cependant, le ressort de la Société est que le père est le chef de la famille. Il est censé orienter ses enfants, en donnant en premier son opinion qui laisserait bouche cousue le reste de la famille même celui qui avait à dire a tel ou tel sujet ? et le dernier mot revient au père, vu la situation que la famille traverse ou à laquelle elle fait face, le père est celui qui émet une idée et les autres viennent en appoints dans une mesure des approches de solutions !!! mais cela n'a jamais été le cas pour le père de Jade. Il savait prodiguer des conseils à chacun de ses enfants de façon audible de sorte que tout le quartier sache qu'il prodigue des conseils. Oui le père de Jade était un expert en conseil, pour cela en tout cas personne ne pouvait chavirer dans son quotidien. Mais de ce qui est de la prise en charge de quelqu'un (membre de la famille) en termes de grisbi, de dépense alors il était loin d'être un façonneur, un bon samaritain. Sauf s'il est orienté ou encore dirigé avec, à sa disposition les moyens financiers qui lui est octroyé bien sûr.

En outre, malgré ce tournant, ces péripéties qui engendraient douleur, tristesse et angoisse chez Jade, elle ne baissait pas les bras. Mais elle continuait dans la recherche des solutions, à trouver des médecins, ainsi qu'à faire venir les hommes de Dieu pour une hétérogénéité qui renforcerait assurément l'état physique et spirituel de sa mère. Car son souhait était de voir revivre sa mère, être une fois encore sur pied et procurer le sourire autour d'elle. Mais malheureusement, les efforts se révélaient vains. Jeanne fléchit les genoux. Pleurant, suppliant l'Eternel des armées sur l'état de santé de sa mère.

- Pourquoi, mon Dieu n'agis-tu pas à l'égard de ma mère comme tu l'avais fait pour moi ? Qu'a-t-elle fait pour vivre tout ceci ? une femme aussi magnifique de cœur, belle de figure, généreuse dans son environnement, qu'a-t-elle fait pour qu'elle souffre autant ?

Après plusieurs jours de prière seule dans sa chambre, fondant en larme. Alors on lui parla d'un homme de Dieu qui pourra peut-être aider sa mère… ainsi Jade prit le soin de s'y rendre pour le voir…
Arrivée en ce lieu indiqué, ce dernier lui pria d'entrer et lui fit savoir d'emblée :

- Si vous ne priez pas assez, vous perdrez votre mère… Jade se questionna en disant :

- Comment ça et ce que nous faisons qu'est-ce que c'est alors ? y a-t-il un moyen extraordinaire pour faire la prière, ainsi détourner ce que vous dites là ?
- Non ma fille votre mère à une belle vie et longue, mais les gens sont jaloux d'elle, et, ne veulent pas qu'elle bénéficie de ses enfants. Si bien que ses ennemis veulent lui précipiter la vie. Elle ne souffre pas d'une maladie physique qui peut être diagnostiquée mais plutôt, d'une maladie transmise du monde des ténèbres qui la tue à petit feu. Lui dit le prétendu homme de Dieu.

Ebahie, sans voix…toute la force quitta son corps, Jade s'affaissa au mur dans une faiblesse caractérielle sans pareille. Ensuite, elle posa la question alors de savoir d'où cela provenait ? L'homme de Dieu refusa catégoriquement de dire les choses. D'appeler chien par chien et chat par chat…

Quelques heures après, Jade, prit congé de cet homme de Dieu. Et rentrait chez lui, rejoindre ses parents en croyant que c'est sa destinée, celle de prendre soin de sa mère, ainsi de souffrir avec elle.

SEPARATION

Deux mois après, Jade fut agréablement surprise de voir sa mère sortir de la chambre, demandant à la voir. Heureuse de savoir que sa mère pouvait sortir de sa chambre même si cela par le biais de son mari qui devenait un support pour elle. Mais enfin cela fit émerveillée Jade de voir sa mère hors de sa chambre.

- Mon bébé ! comme elle aimait appelée sa fille Jade. Peux-tu me laisser partir ? rentrer chez moi ? dit-elle à sa fille.

Jade la fixait sans dire un mot. Mais sa mère insistait :

- Mon bébé, je sais que tu veux me voir chez toi, tu veux prendre soin de moi, s'il te plait mon bébé, tu as beaucoup fait et pour cela je te serai toujours reconnaissante. Laisse-moi rentrer.

Jade avait du mal à laisser sa mère repartir dans la ville natale, la savoir là-bas loin d'elle devrait dire quelle ne saura pas si elle a été prise en charge ou pas. Mais surtout pourquoi la solution n'est point trouvée sur son état de santé. Du coup sans réfléchir et ne voulant pas angoisser sa mère de plus belle qu'elle l'était déjà, elle répondit en acquiesçant :

- D'accord maman tu peux rentrer, mais que je n'entende pas que tu as été mal entretenue là-bas hein ?

Deux jours après, la mère de Jade et son père regagnèrent leur ville habituelle. Et le voyage se fit dans de bonnes conditions par la grâce de Dieu malgré son état de santé critique.

L'OBSCURITE

Un matin sabbatique, pendant que Jade faisait sa grâce matinale, un jour de récupération qui lui permit d'être debout autour de onze heures du matin. Alors dans son sommeil, Jade fit un rêve, où elle se voit jouer avec sa mère qui était en forme, en bonne santé. Dans une splendeur remontant à cinq ans en arrière quand elle fût épouse et mère vigoureuse avec tout un arsenal céleste. Jouant, courant dans tous les sens. Toutes les deux joyeuses profitant de cet instant de bonheur. Toujours dans son rêve, c'est sa mère, après un temps d'épuisement et de répit, après les enjambés dans la cour, les deux se retrouvèrent dans la maison, la chambre qui lui était dédiée lors de ses séjours chez sa fille. Elle arriva jusque là essoufflée ainsi que Jade. Les deux au couloir essoufflé tenant chacune les genoux en prouvant leur flemme, puis sa mère prit le chemin de sa chambre ou au bout d'un moment la porte de la chambre de sa mère disparut ainsi que la pièce elle-même. Puis vinrent les nuées noires qui apparurent en un lapse de temps, et la mère de Jade disparut avec. Jade, dans son sommeil, chercha sa mère, « maman, maman où es-tu ? où es-tu partie ? » elle ne la vit plus, ensuite sursauta de son sommeil.
Au moment où elle s'assied dans son lit, sa conscience revint et elle comprit qu'il ne s'agissait que d'un rêve. Elle prit un moment de réflexion en se disant intérieurement :

- Est-ce que ma mère se porte bien maintenant, je l'ai vue joyeuse et belle comme avant. Mon Dieu qu'est-ce que cela veut dire, qu'elle va guérir ?

Jade, après ses questionnements, eut la force de sortir de la chambre pour le dehors. Arrivée à sa véranda au moment de s'assoir, elle reçoit un coup de fil lui annonçant le départ de sa mère pour l'au-delà. Le décès de sa mère chérie. Une séparation inopinée, car Jade avait encore besoin de sa mère, de la voir vieillir, la soutenir, et voir ses enfants avec qui elle jouerait et ceux-ci l'appelleraient grand-mère. Est-ce qu'il fallait qu'elle connaisse ma souffrance et souffre avec moi parce qu'elle savait qu'elle me laissera ? les larmes coulaient, recoulaient de ses joues sans consolation, car pleurer lui faisait du bien et les souvenirs revinrent. Ensuite elle dit merci à Dieu de l'avoir guérie devant le grand témoin de son existence, et dit merci aussi à sa mère de l'avoir comme fille, de l'avoir accompagnée dans les moments difficiles de la vie, d'être là pour elle en tant que fille, puis se consola timidement. La joie était surtout de savoir qu'elle était là pendant la période de sa convalescence, même dans son ignorance qu'elle ne saura peut-être jamais ce méandre existentiel de la vie de Jade et, ce, du destin de Jade de cette ignorance des faits réels dont elle ne connaitra la réalité dans une vérité sans ombre.

Jade était heureuse de savoir que pendant le séjour de sa mère sur la terre des vivants, elle avait pu prendre soins d'elle en soulignant sur le revers de sa photo :

Ma généreuse, te savoir dans la gaieté, l'ambiance et le bonheur, pendant ton séjour sur terre, me fait survivre. Ton sourire, large, amical et généreux, ne me quittera jamais, ma généreuse mère. Toi qui m'as tant inspirée dans mes sentiers, Toi qui a toujours été là pour nous et pour moi, maman, ma généreuse mère. Mes promesses de te rendre heureuse, Te faire découvrir l'univers, dans ma maturité générale, mes paroles naïves et infantiles jadis, mais pleine de vision. Oui ! maman, maintenant pourrai-je dire que cela s'est fait. Réaliser mes rêves en t'emmenant dans des villes qui t'étaient inconnue, Te redonnant le sourire que tu mérites par des surprises. Que tu ne manques de rien, que tu ne dormes pas affamée. Que la joie inonde toujours ton visage, tes jours et tes nuits. Ma mère, ma meilleure amie, ma conseillère, MERCI d'avoir joué avec tes petits enfants, donner la possibilité à mes enfants de te connaitre, en tant que grand-mère, et en tant que ma mère. Je ne t'oublierai jamais, trouve le repos absolu auprès du Dieu de l'univers. Je t'aime maman, Je t'aimerai toujours.

Préface de Winner Franck Palmers

L'onirisme est un domaine à la simplexité et à la complexité fascinantes et / ou répugnantes. La lecture du deuxième roman de Jojo M. Mansounga ayant pour titre *L'ignorance d'effets réels*, nous plonge dans des univers qui défient les perceptions. Les pages du roman deviennent, par moment, des bribes d'océan énigmatique. Les scénarios qui se construisent dans l'esprit hanté de l'héroïne Jade, bien que suggérés par l'inconscient, ont des passerelles étroites avec la sombre réalité. Pourtant forgées sous le signe de la réalité, les péripéties franchissent les limites de l'acceptable. Ces faits survenant dans l'enfance, n'ont pas permis au personnage principal, d'attiser, au temps opportun, le sens critique et de prendre les décisions convenables. La récurrence de rêves bizarroïdes est devenue un voyage cauchemardesque et périlleux redouté par Jade, une fille en état d'urgence. Ce n'est que plus tard, que son père et sa mère se sont rendus compte que ses écarts excentriques de bad girl avaient bien une signifiance.

Le malheur de Jade semble trouver ses origines dans les assises brûlantes d'une nomination irresponsable. Rebaptisée *Sirène* par sa mère et d'autres personnes aux fins de célébrer sa beauté envoûtante et sa magnifique silhouette, l'héroïne a été possédée par l'esprit de mermaid. Ce n'est qu'après avoir laissé quelques frêles plumes physiquement et une béance dans l'âme spirituellement qu'une certaine introspection onirique sera faite. Ce voyage onirique dans l'imaginaire et dans la réalité, à donner des frissons aux âmes sensibles, a pris fin après des séances d'exorcisme.

À propos du leitmotiv y afférant, plusieurs auteurs des temps antiques et nouveaux ont choisi ce thème de prédilection. **Les sirènes est un épisode célébrissime de l'Odyssée d'Homère. À l'issue de son odyssée dans l'univers d'Hadès, Ulysse**, de retour chez Circé, apprend de celle-ci les risques auxquels il sera confronté, parmi lesquels la rencontre avec les sirènes ensorceleuses qui s'attaquent à ceux qui passent à proximité de leur île. Il **est reconnu** à cet égard que dotées d'une âme très malfaisante, les sirènes ont une beauté trop séductrice pour être vraie. La prétendue gentillesse de quelques-unes est factice. Pure artifice, elle est dépourvue d'innocence et de désintéressement. Cette astuce leur permet de mieux assujettir, enliser, pervertir, supplicier et damner l'âme naïve. Mauvais esprits à essence aquatique, les sirènes partagent le même univers mystique que le léviathan. Ce sont des démons qui servent le Serpent ancien. Ils sont tous destinés, un jour, à brûler éternellement dans le lac ardent de feu et de souffre. Pour les Scandinaves, la sirène est un monstre redoutable appelé Margygr (la « géante de mer »). Physiquement, les sirènes ressemblent à une femme en haut de la ceinture, dotée d'une longue chevelure et ayant en guise de jambes une queue de poisson. Ladite queue, entre autres, fournit à la créature légendaire mi-femme mi-poisson, la majeure partie de la puissance indispensable à la nage.

Jojo M. Mansounga développe en filigrane le mythe de la gentille sirène qui libère Jade de la prison aquatique. Koffi Olomidé, auteur-compositeur-interprète et producteur congolais dans la chanson *Civilisé* énonce les « bons démons ». Cet extrait musical est probant : « Limbisa ye yeb'o limbisaka même ata na orfève / Ba zabolo ya gentil eeh ».

Ces deux cas de figure n'obtiennent pas mon approbation. La série télévisée américaine Siren, en 2018, a mis en scène quelques sirènes qui sont en contact avec le monde des humains, le mythe de la gentille sirène est tourné de façon que les différents mythes soient réunis autour de cette créature mystérieuse. Ces femmes-poissons seraient à l'origine mi-femmes mi-oiseaux, dans la mythologie grecque.

Appeler quelqu'un **par son nom, sans l'écorcher, est un élément déclencheur de la sympathie.** Pourtant, Jade a subi non l'offense anthroponymique mais la substitution anthroponymique la plus inattendue à son corps défendant. Sa résistance boudeuse, frémissante, triste et fragile eut le temps d'un éclair. Au fil des jours, résignée, elle semblait comprendre ce genre de commutation nominative entre une catégorie d'anges déchus et la race humaine. Il en résultera un travestissement de personnalité qui fera de la malheureuse une synagogue de démons.

Le ramassage pérenne d'une pièce de cinq francs CFA, à son réveil, derrière la maison, est un fait interpellatif relégué aux rubriques anodines mais non renvoyé aux calendes grecques, jusqu'au jour où les faits oniriques portant le sceau des sirènes et révélant un désir de cooptation vont tirer la sonnette d'alarme. « Ainsi vînt un soir. Au coucher du soleil, après une journée joyeuse, Jade rejoignit son lit. En allant s'endormir, elle fît un rêve troublant. Un songe dans lequel elle se voyait aux abords de la maison cherchant, creusant le sol, et trouva *un peigne noir, un traceur, des cheveux et une pièce encore de cinq francs CFA,* la même pièce comme à l'accoutumée ». Primant sur le physique, la spiritualité finit par se revêtir de l'observable. Vu le caractère insolite des mêmes articles visualisés dans le rêve, pour la première fois, Jade décida d'en parler à sa progénitrice, sceptique.

Dans *Vision*, on note les points divergents et ressemblants avec *L'Enfant noir* de Camara Laye (1953).

> « J'étais enfant et je jouais près de la case de mon père. Quel âge avais-je en ce temps-là ? (...) Je devais être très jeune encore: cinq ans, six ans peut-être. Ma mère était dans l'atelier, près de mon père, et leurs voix me parvenaient, rassurantes, tranquilles, mêlées à celles des clients de la forge et au bruit de l'enclume. Brusquement j'avais interrompu de jouer, l'attention, toute mon attention, captée par un serpent qui rampait autour de la case (...) J'avais ramassé un roseau qui traînait dans la cour (...) et, à présent, j'enfonçais ce roseau dans la gueule de la bête (...) Je riais, je n'avais pas peur du tout, et je crois bien que le serpent n'eût plus beaucoup tardé à m'enfoncer ses crochets dans les doigts si, à l'instant, Damany, l'un des apprentis, ne fût sorti de l'atelier ».

Dans la situation initiale, Jade, jeune enfant, se trouvait dans la chambre de ses parents, tandis que Camara Laye dont l'âge oscillait entre 5 et 6 ans, jouait près de la case de ses procréateurs. L'élément perturbateur mutualisant est le serpent. Pour le cas de Jade, l'absence de deux forces est flagrante. La force dynamisante a permis à l'enfant noir d'avancer muni d'un roseau qu'il a enfoncé dans la gueule du serpent. La montrée de l'apprenti forgeron constitue la force équilibrante. Jade était craintive et seule face à l'épreuve. Le serpent agresseur a une double dimension physique et spirituelle.

Dans le chapitre inhérent à l'école, dans un halo pervers de phénomènes météorologiques mitigés, Jade a croisé sur le chemin de l'école un homme transportant une brouette, selon la prédiction du serpent. Sa rencontre avec des reptiles et « une main blanchâtre, une main féminine gesticulante, se balançant de part et d'autre, de gauche à droite comme saluer de loin » débordant d'une mare d'eau, ce jour de pluie battante, a laissé sans voix ce personnage au cœur de l'épouvante. Ce chapitre est aussi, avec un brin d'exagération, la dénonciation d'un système éducatif vacillant : « Le jour suivant, entre dix heures et douze heures, et à cause de la pluie assurément d'hier que certaines classes du primaire n'eurent pas cours. Connaissant les écoles d'Etat qui ouvrent en fonction des humeurs des enseignants ou des caprices du climat ».

Dans le chapitre dénommé *Mystère*, comme dans un dessin animé signé Disney, Jade est entraînée, malgré elle, par une force surréelle dans les profondeurs aquatiques et se mute en vraie sirène. Sa rencontre avec la « mère des sirènes » est tout un feuilleton. Captive dans les abysses aquatiques, elle sera sauvée de justesse par une sirène au moyen d'un procédé magique que le lecteur pourra découvrir en parcourant ce livre. Depuis « son sauvetage de la part de la reine des eaux à la surface de l'eau », la *miss-water*, « se transformait en sirène dans l'église même ». Le pasteur, Guy Moïse, « réputé dans les séances d'exorcisme » décida de prendre en main la délivrance de la jeune fille démoniaque. Le vécu traumatique pérenne, la dubitabilité de sa famille nucléaire et le mutisme y corollaire ont gravé en elle une âme-scripturaire, prélude à sa rencontre avec une oreille attentive. Délivrée de l'emprise des sirènes et de leurs incidences nocives, elle continua à souffrir non d'une rétention urinaire ni d'une anurie mais d'une rétention fécale due à une colopathie « avancée » qui va durer dix ans. Dans un combat incessant avec quelques périodes de répit, alors qu'elle fécondait la page blanche, elle crut encore voir un serpent. « Sa foi, sa croyance (...) basée sur le seul nom de Jésus le sauveur de l'humanité » lui permettra de condamner la vision de son propre décès à l'hôpital. Les pratiques liées à l'exorcisme, comme le montrent certaines vidéos invraisemblables sur la toile, ont contribué à extirper du corps de Jade un vrai serpent et une pierre, brillante comme de l'or ou encore le diamant. La continuation et le parachèvement de sa délivrance ont marqué un tournant décisif dans sa vie. La mutation relationnelle père-mère/ enfant est devenue palpable. Quelques temps après, la mère de Jade livra un combat perdu d'avance contre une « maladie transmise du monde des ténèbres qui la [tuait] à petit feu ». Les envolées onirismes ont été fatales.

Peu volumineux, le livre est scindé en 12 chapitres aux termes simplissimes, à savoir : Ignorance, Vision, École, Mystère, Transformation, Confiance, Délivrance, Plus près, Restauration, Le destin, Séparation et L'obscurité. Le vocabulaire est riche, la longueur des phrases est acceptable. Les descriptions relèvent la force de l'image. En témoignent ces jolis extraits :

« Chaque matin pareillement, au lever du beau soleil scintillant de la petite saison de pluie. Oui tous les matins, aux chants d'oisillons, sur un nid perché sur l'arbre à palabre se trouvant à l'angle de la parcelle qui faisait courbure à la fenêtre de sa chambre. Ces chants la faisaient sursauter de sa couverture qui l'entrelaçait le long de son corps ».

« Elle, dans un corps effilé, d'une couleur de peau d'ananas fleurissant, ajouté à cela une suave beauté incarnant la candeur d'une vierge nubile. Jade, malgré l'admiration qu'elle suscita çà et là, dans son environnement scolaire, du travail, du quartier, partout, pour sa personne qui enflammait tous les désirs égrillards. Personne, non personne, malgré les éloges, personne ne pouvait savoir qu'elle vivait à moitié (…) ».

Bien que peu fréquente, l'utilisation des termes identitaire, religieux ou inhérent à l'ordre de naissance du terroir est effective dans ces tronçons phrastiques et items : « la présence de grosses gouttes de sueur qui glissaient à tour de rôle comme des balafres tékés », « Aucune idée *Yaya*, mais roulons seulement », « bizinga » (lieu de prière) … Certains fragments textuels de ce livre sont un condensé de questions existentielles ou non : « Suis-je ignorante de ce qui se passe ? (…) Est-ce que la différence est sur le fait qu'ici, les faits ne parlent pas comme jadis ça parlait en moi, par des faits palpables dont je croyais rêver ? (…) ». Comme dans son premier roman *Les profondeurs cachées d'un cœur sans voix*, il y a une récurrence phrastique. La répétitivité ayant fonction de refrain, permet à la lecture, aux notes sonores de tambouriner : « Pour les uns qui prenaient cela pour une plaisanterie et les autres pour une histoire infantile et certains n'y prêtaient même pas attention ». « Mais puisque les uns prenaient cela pour une plaisanterie et les autres pour une histoire inventée et certains n'y prêtaient même pas attention », « Comme d'habitude, certains prenaient cela pour une plaisanterie et d'autre pour une histoire inventée pire encore certain n'y prêtaient même pas attention. Alors qui pouvait répondre à ses questions, à sa préoccupation ».

En définitive, ce roman s'inscrit dans une période contemporaine définie par des faits marquants tels que l'influence de la nomination, la possession par des esprits impurs, les conséquences de leur emprise, la prise de conscience, l'exorcisme et la persévérance. *L'ignorance d'effets réels* est la narration du vécu traumatique d'une fille aux frontières entre l'incomplétude d'un monde réel et la fibre cauchemardesque d'un univers irréel. Un protagoniste qui a d'abord lutté seul à cause d'une communication parentale défectueuse. Voie royale de l'inconscient, l'onirisme peut lever le voile sur l'état d'âme, les pactes inconscients ou non avec le Bien ou le Mal. Dans ce roman, l'auteure cavale harmonieusement de la réalité au fantasmagorique. Elle chevauche allègrement l'univers tangible et le monde plus angoissant et insaisissable de l'invisible du pôle négatif. Certains faits scripturaires échappent à la raison et à ses normes. Si la notion de rationalité est centrale pour les sciences sociales, il n'en est pas de même pour un roman. L'œuvre littéraire a la liberté de bousculer les codes. Ce livre à la narration bien ciselée, doté d'une touche fantastique, se lit d'une seule traite.

Winner FRANCK PALMERS
Docteur en sciences de l'information
et de la communication

Table des matières

Printed by Books on Demand GmbH, Norderstedt / Germany